상실과 애도 그리고
치유를 위한 안단테 필사

봄

나남
nanam

상실과 애도 그리고
치유를 위한 안단테 필사

봄

2016년 4월 16일 발행
2016년 4월 16일 1쇄

엮은이_송길원
발행자_趙相浩
발행처_(주)나남
주소_10881 경기도 파주시 회동길 193
전화_(031)955-4601(代)
FAX_(031)955-4555
등록_제 1-71호(1979. 5. 12)
홈페이지_http://www.nanam.net
전자우편_post@nanam.net

ISBN 978-89-300-8868-8
ISBN 978-89-300-8655-4(세트)

상실과 애도 그리고
치유를 위한 안단테 필사

봄

송길원 엮음

나남
nanam

차마 울지 못하는
그대를 위하여

아이처럼 울고, 어른처럼 일어서라

아이들은 화병이 없다. 정직해서다. 무엇이 정직일까? 아이들은 슬픔이 밀려오면 울 줄 안다. 감정을 그대로 흘려보낸다. 이와 달리 어른들은 참고, 가면을 쓰고, 감정노동을 한다. 그래서 병이 많다. 눈물로 표현되지 않은 슬픔은 몸으로 울게 한다고 하지 않던가? 몸이 말하지 않으면 위장이 점수를 매기고야 만다. 위장이 우는 것을 위암이라 한다. 췌장암은 췌장의 슬픔이고 간의 피눈물이 간암이다.

　반대로 어른은 넘어지면 툴툴 털고 일어서 얼른 제 갈 길을 간다. 속된 말로 쪽(?)팔려서다. 하지만 아이들은 눈치를 살핀다. 누군가가 일으켜 세워 주기를 기다린다. 징징대고 일으켜 줄 때까지 운다. 이래서 '아이처럼 울고, 어른처럼 일어서자'고 한다.

슬픔 총량의 법칙

김두식 경북대 법학전문대학원 교수의 딸은 중학생이 되면서 '엄마, 아빠와 같은 찌질이로는 살지 않겠다'는 선언을 하고 매사에 부모와 충돌한다. 하다 못한 김 교수는 '시민들을 위한 싱크탱크'인 희망제작소의 유시주 씨에게 고민을 털어놓았고 그로부터 '지랄 총량의 법칙'을 배운다. 사람이 나면서 죽을 때까지 하는 뻘짓의 양은 정해졌다는 … .

어디 그뿐일까? 사람이 받는 스트레스는 시원하게 풀지 않으면 차곡차곡 쌓이고 적립되어 무의식 속에 남으며 결코 잊히지 않는다는 '스트레스 보존의 법칙'도 있다. '대화 총량의 법칙'이 있는가 하면 '고통 총량의 법칙'도 있다. 사람은 누구나 같은 양의 고통 주머니를 갖고 태어난다는 것이다. 슬픔에도 총량의 법칙이 있다.

서강대 종교학과 교수인 스네칼 신부는 "유가의 장례를 보면서 서양은 망자를 너무 빨리 잊는다는 걸 새삼 깨달았다"고 말했다. 그는 '유족이 탈상 때까지 체계적으로 죽음을 받아들일 의식을 마련해 둔 것은 부활을 믿는 기독교가 유교에서 배울 점'이라고 강조했다. 〈예일 보고서〉에 의하면 애도 과정 전체는 대개 2년이 걸린다고 한다. 유가족이 '새로운 일상'으로 돌아왔다고 느끼기까지 때로는 그 두 배의 시간이 걸리기도 한다. 연구에 의하면 애도의 과정을 지나 새로운 일상으로 돌아오는 데는 2년도 모자란다. 그러고 보면 과거의 3년상(喪)은 그냥이 아니었던 셈이다.

그런데 우리 문화는 잔인하다. 3일 만에 슬픔을 다 지우라고 말한다. 일

제 강점기 시절 그들은 슬픔마저도 강제했다.* 거세된 슬픔은 트라우마로 작용한다. 이는 남은 자들에게 평생 멍에가 되고 또 다른 족쇄가 된다. 히브리인들의 장례 풍습에 의하면 대개 죽은 자를 위한 애도 기간은 7일(창세기 50:10, 삼상 31:13)이었고 30일간을 애곡하기도 했다(민수기 20:29). 그들은 충분히 울었다. 이제 '조선총독부의 눈물'이 아닌 자신만의 충분한 눈물을 흘릴 줄 알아야 한다. 그래야 산다.

안단테 필사

영화 〈히말라야〉(감독: 이석훈, 주연: 황정민·정우)는 '위대한 하산'에 관한 영화다. 영화를 보고 나면 "산(山)사람보다 산(生)사람이 중요하다"는 깨달음이 머리를 친다. 따지고 보면 산(山)사람을 거두러 목숨을 건 이유가 바로 산(生)사람의 죄책감을 덜기 위해서가 아니었던가. 2005년의 '휴먼 원정대'는 '내가 살기 위해 너를 버렸다'는 부채의식에 안녕을 고하고, 살아남은 자의 존엄을 회복하는 우리 모두의 '애도

---

* 1934년 조선총독부가 우리 관혼상제 문화를 말살하기 위해 발표했던 의례준칙 중 장례에 관한 것에 현재 문화의 토대가 되는 조항들이 있다. •가장 좋은 옷인 비단옷을 수의로 입던 전통을 버리고 포목을 입으라는 것, •거친 삼베옷인 굴건제복을 상복으로 입던 전통 대신 두루마기와 두건을 입고 걸치라는 것, •장례 기간을 3일장으로 하라는 것 등 의례준칙에는 전통으로 오해하게 한 일제의 정책이 담겼다. 더욱 기막힌 일은 상주, 가족 그리고 문상객을 구분하기 위해 수를 달리한 검은 줄의 완장을 차게 한 것이 탄압을 위한 감시수단이었다는 점이다. 반일 사상으로 번져간 고종과 순종의 국장과 3·1운동 등이 그 배경이다.

의 산행'이었다.
ー〈조선일보〉(2015. 12. 24), "김지수의 人터스텔라" 중에서

부모를 잃었던 스네칼 신부는 아무리 생각해도 너무 빨리 땅에 묻고 모든 걸 끝낸 일을 아쉬워했다. 죽음으로 인한 아픔을 충분히 나타내지 못해 그 것이 무의식 안에 도사릴 위험성을 우려했다. 그렇다고 3년상을 치르라고 할까? 엘리자베스 퀴블러 로스는 〈상실수업〉에서 이렇게 말한다.

사랑한 이가 떠나 버린 후에라도 그에게 편지를 써라. 당신이 어떻게 지내고 그들을 얼마나 그리워하는지 말하라. 자주 찾아가는 것이 불 가능할 때는 편지가 멀리 떨어진 무덤까지 대리여행을 할 수도 있다. 만일 무덤 앞에 있었다면 했을 말들을 편지로 옮겨라. 다음에 사랑한 이의 무덤을 찾았을 때 지금껏 쓴 편지를 모두 모아 그에게 읽어 주면 그 편지들이 결국엔 당신을 위한 것이었음을 깨달을 것이다.

그렇다. 편지를 써 보자. 아니 그조차 힘들다면 눈물을 눈물이 되게 하고 아픔을 아픔이 되게 할 글들을 필사해 보자. 그것도 Presto(매우 빠르게)나 Allegro(빠르게)가 아닌 Andante로.

쓰면 느려지고 느리면 분명해진다. 손으로 쓰면서 우린 그렇게 알게 된다. 내가 누군지, 무엇을 원하는지.
ー베른하르트 뢰스너

나는 이를 '안단테 애도'(*Andante grief*)라 부르기로 했다.

　이 필사책(*Writing Book*)이 상실의 아픔으로 눈보라 치는 추운 겨울의 한복판에 서 있는 그들에게 봄처럼 다가왔으면 좋겠다.

　봄이다.

2016년 4월, 봄

봄길 위 dream

상실과 그리고
치유를 위한
안단테 필사

봄

차 례

바라봄

딸아이가 죽고 몇 달을 보내는 동안
나는 노트 네 권을 글로 채웠다.
하루에 한 번 쓰는 날도 있었고,
하루에 몇 번씩 쓰는 날도 있었다.
며칠 만에 한 번 쓸 때도 있었다.

그냥 내 느낌이나 그날 있었던 일,
문득 떠오르는 일을 쓰기도 하고,
슬픔이나 희망도 적었다.

그런 방법으로 슬픔을 밀어내고,
다른 곳에 내려놓고, 안 보이는 곳에 치워 놓았다.
— M. W. 히크먼

슬픔에 붓으로 답하다

궁궐에서 사는 왕족들에게도 슬픔이 있었을까? 인생사 고달파 눈물샘 마를 새 없다던 시골 아낙네의 슬픔은 몇 그램이나 되었을까? 옛날 옛적 우리 선조들의 슬픔은 신맛이었을까? 쓴맛이었을까? 과연 그들은 그 쓰라린 슬픔을 어떻게 이겨 냈을까? 아니 그들에게도 슬픔이 있었을까?

슬픔의 유통기간을 묻기도 전, 카메라는 400년 전* 안동의 한 마을의 상가를 비춘다. 곡(哭)하는 소리마저 졸고 있는 깊은 밤이다. 희미하게 비추는 불빛 아래 소복 차림의 부인이 떨리는 손으로 한지(漢紙) 위에 편지를 쓴다.

> 원이 아버지에게.
> 당신 언제나 나에게 "둘이 머리 희어지도록 살다가 함께 죽자"고 하셨
> 지요.

---

* 1998년, 택지 개발이 한창이던 경북 안동시 정상동 기슭에서 주인 모를 무덤 한 기의 이장(移葬) 작업이 있었다. 야간까지 이어진 유물 수습 과정에서 무덤은 수백 년 전의 것으로 판명되었다. 유물 중엔 아내의 편지 외에도 두 편의 시와 11통의 서신이 있었다. 이 편지들 가운데 9통은 망자의 아버지가 아들에게 보낸 것으로 모두 묻힌 이가 죽기 1년 전에 쓴 것들이었다.

봄의 시선

'필사'(筆寫)다!

아내는 지아비에 대한 절절한 그리움으로 하고픈 말을 다 끝내지 못하고 종이가 다하자 모서리를 돌려 써 내려갔다. 모서리를 채우고도 차마 끝을 맺지 못하자 아내는 다시 처음으로 돌아와 거꾸로 적어 나갔다.

'필사적'으로 썼다.

질문이 바뀐다.

"우리네 선조들은 어떻게 해서 슬픔을 이겨 내는 방법으로 '필사'를 선택했을까?"

이번에는 그 편지를 공개하는 것으로 대답을 대신해 본다(편지 전문을 현대어로 표기했다).

당신 언제나 나에게
"둘이 머리 희어지도록 살다가 함께 죽자"고 하셨지요.

그런데 어찌 나를 두고 당신 먼저 가십니까?
나와 어린아이는 누구의 말을 듣고 어떻게
살라고 다 버리고 당신 먼저 가십니까?

당신 나에게 어떻게 마음을 가져왔고,
나는 당신에게 어떻게 마음을 가져왔었나요?

함께 누우면 언제나 나는
당신에게 말하곤 했지요.
"여보, 다른 사람들도 우리처럼
서로 어여삐 여기고 사랑할까요?
남들도 정말 우리 같을까요?"

봄의 시선

어찌 그런 일들 생각하지도 않고
나를 버리고 먼저 가시는가요.

당신을 여의고는 아무리 해도
나는 살 수 없어요.
빨리 당신에게 가고 싶어요.
나를 데려가 주세요.

당신을 향한 마음을 이승에서
잊을 수 없고, 서러운 뜻 한이 없습니다.

내 마음 어디에 두고
자식 데리고 당신을 그리워하며
살 수 있을까 생각합니다.

이내 편지 보시고 내 꿈에 와서
자세히 말해 주세요.

당신 말을 자세히 듣고 싶어서
이렇게 글을 써서 넣어 드립니다.
자세히 보시고 나에게 말해 주세요.

바라봄

당신 내 뱃속의 자식 낳으면
보고 말할 것 있다 하고 그렇게 가시니,
뱃속의 자식 낳으면 누구를 아버지라
하라시는 거지요?

아무리 한들 내 마음 같겠습니까?
이런 슬픈 일이 또 있겠습니까?

당신은 한갓 그곳에 가 계실 뿐이지만,
아무리 한들 내 마음같이 서럽겠습니까?
한도 없고 끝도 없어 다 못 쓰고 대강만 적습니다.

이 편지 자세히 보시고 내 꿈에 와서
당신 모습 자세히 보여 주시고
또 말해 주세요.

나는 꿈에는 당신을 볼 수
있다고 믿고 있습니다.
몰래 와서 보여 주세요
하고 싶은 말, 끝이 없어 이만 적습니다.

만 개의 붓과 만 개의 벼루에 구멍이 뚫릴 정도로 연습을 했다는 추사 김
정희, 과연 그랬을까? 어린 시절 추사는 아버지를 잃는다. 열 살 남짓 되었
을 때다. 그는 그 절절한 슬픔을 붓으로 그려 냈다. 필사적으로 쓰고 썼던
필사는 슬픔을 거두어 가는 '치유'였던 셈이다. 추사체는 그렇게 태어났다.
누가 알겠는가? 나도 쓰고 쓰다 보면 세상에 봄을 가져다주는 시인이 되고
덤으로 나만의 서체의 달인이 되어 있을지.

시간이 지나면 슬픔도 덜해질 거라고 사람들은 말한다.
걱정하는 마음으로 위로를 하는 것이지만
그런 말을 들으면 우울해진다.

우리는 슬픔이 없어지기를 원하지 않는다.
그 슬픔은 사랑과 연결되어 있고,
애정을 도둑맞지 않는 한
애도하는 마음을 그칠 수 없기 때문이다.
─필립스 브룩스

새로 생긴 저녁

-장석남

보고 싶어도 참는 것
손 내밀고 싶어도
그저 손으로 손가락들을 만지작이고 있는 것
그런 게 바위도 되고
바위 밑의 꽃도 되고 난(蘭)도 되고 하는 걸까?
아니면 웅덩이가 되어서
지나는 구름 같은 걸 둘둘 말아
가슴에 넣어 두는 걸까?

빠져나갈 자리 마땅찮은 구름떼 바쁜
새로 생긴 저녁

봄의 시선

눈물

-김현승

더러는
옥토에 떨어지는 작은 생명이고저 …

흠도 티도
금 가지 않은
나의 전체는 오직 이뿐!

더욱 값진 것으로
드리라 하올제,

나의 가장 나중 지닌 것도 오직 이뿐!

아름다운 나무의 꽃이 시듦을 보시고
열매를 맺게 하신 당신은

나의 웃음을 만드신 후에
새로이 나의 눈물을 지어 주시다

깨끗한 슬픔

-유재영

눈물도 아름다우면 눈물꽃이 되는가
깨끗한 슬픔 되어 다할 수만 있다면
오오랜 그대 별자리 가랑비로 젖고 싶다
새가 울고 바람 불고 꽃이 지는 일까지
그대 모습 다 비추는 거울이 되었다가
깨끗한 슬픔 하나로 그대 긴 손 잡고 싶다

갈대

-신경림

언제부터 갈대는 속으로
조용히 울고 있었다.
그런 어느 밤이었을 것이다.
갈대는 그의 온몸이 흔들리고 있는 것을 보았다.
바람도 달빛도 아닌 것.
갈대는 저를 흔드는 것이 제 조용한 울음인 것을
까맣게 몰랐다.
산다는 것은 속으로 이렇게
조용히 울고 있는 것이란 것을
그는 몰랐다.

의자에 걸려 있는 코트, 복도에 있는 모자 … .
익숙한 그 물건들을 어떻게든 바라봐야 했다.
고통을 누그러뜨리려 나는 그의 물건 일부를 받아들였다.
그의 셔츠를 입었고, 그의 글쓰기 책상에 앉았으며,
그의 펜으로 몇백 통의 애도 편지에 감사의 답장을 썼다.
그의 손길이 닿았던 물건들을 확인하는 바로 그 과정에서
그를 더 가까이 느꼈다.

－대프니 듀 모리에

사랑은 자주 흔들린다

-이외수

울고 있느냐
눈물을 흘리지 않는다 해서
우는 너의 모습을 숨길 수 있을 것 같더냐

온몸으로 아프다며 울고 앉아
두 팔로 온몸을 끌어안았다 해서
그 슬픔이 새어 나오지 못할 것 같더냐

스스로 뱉어 놓고도 미안스러워
소리 내어 울지도 못할 것을
왜 그리 쉽게 손 놓아 버렸느냐

아픈 가슴 두 손으로 쥐어 잡았다 해서
그 가슴 안에서 몸부림치는 통증이
꺼져 가는 불꽃마냥 사그러지더냐

너의 눈에 각인시키고 그리던 사람
너의 등 뒤로 보내 버렸다 해서
그 사람이 너에게 보이지 않더냐

정녕 네가 이별을 원하였다면
그리 울며 살지 말아야 하거늘

왜 가슴을 비우지 못하고
빗장 채워진 가슴에 덧문까지 닫으려 하느냐

잊으라 하면 잊지도 못할 것을
까닭 없이 고집을 부려 스스로를 벌하고 사느냐

그냥 살게 두어라
그 좁은 방에 들어앉았다
싫증 나면 떠나는 날이 오지 않겠느냐

문득 가슴 언저리가 헛헛해
무언가 채우고 싶어질 때
그때는 네가 나에게 오면 되는 것이라

갈기갈기 찢어지고
피멍 들은 가슴으로 온다 해도 내가 다 안아 줄 것이라
내게 돌아올 것을 알기에 기다리는 것이라
너는 내 것이기 때문에 내가 다 안을 수 있는 것이라
그래서 오늘 하루도 살아 낸 것이라
살아간다는 것은 저물어 간다는 것이다

슬프게도 사랑은 자주 흔들린다
어떤 인연은 노래가 되고
어떤 인연은 상처가 된다

하루에 한 번씩 바다는 저물고
노래도 상처도 무채색으로 흐리게 지워진다

봄의 시선

나는 시린 무릎을 감싸 안으며
나즈막히 그대 이름 부른다

살아간다는 것은
오늘도 내가 혼자임을 아는 것이다

혼자 가질 수 없는 것들

-문정희

가장 아름다운 것은
손으로 잡을 수 없게 만드셨다
사방에 피어나는
저 나무들과 꽃들 사이
푸르게 솟아나는 웃음 같은 것

가장 소중한 것은
혼자 가질 수 없게 만드셨다
새로 건 달력 속에 숨 쉬는 처녀들
당신의 호명을 기다리는 좋은 언어들

가장 사랑스러운 것은
저절로 솟게 만드셨다
서로를 바라보는 눈 속으로
그윽이 떠오르는 별 같은 것

봄의 시선

신발에 대하여

-이상국

아주 오래전 선배가 입대하며
신던 구두를 벗어주고 간 적이 있었다
비만 오면 구두 속이 미나리꽝 같았던 시절
나는 마치 집 한 채를 얻은 것 같았다

어쩌다 바꿔 신기만 해도 몸이 낯설어하는데
교통사고라도 있어
길바닥에 나뒹구는 신발을 보면 언짢다
누군가 다시는 저 신발을 못 신을지도 모른다는 …

신발을 벗는다는 건 밖에서 안으로 들어간다는 것이다
그래서 술에 취해 한뎃잠을 자는 사람들도
길바닥에 공손하게 신발을 벗어 놓고
더러는 울며 아파트 옥상에서 몸을 던지는 아이들은
신발을 남기고 간다

우리 집 신발장에는 뒤축이 닳았거나
낡은 신발들이 가득하다
내가 그 어느 것 하나 쉽게 버리지 못하는 건
그것들이 늘 내 생의 무게를 견뎌 주었고
아직 나와 같이 갈 데가 있어서다

봄의 시선

육년후

-유치환

세월은 진실로 복된 손길인 양 스쳐 흘러갔고나

세상에 허다한 어버이 그 쓰라림을 겪었겠고
어려서 죽은 자 또한 너만이 아니련만
자칫하면 터지려는 짐승 같은 슬픔을 깨물고
어디다 터뜨릴 수 없는 분함으로
너의 작은 관에 뚜껑하여 못질 하고
음한히 흐린 십일월 북만주벌 끝에
내 손으로 흙 덮어 너를 묻고 왔나니

그때 엄마 무릎 위에 안기어
마지막 어린 임종의 하그리 고달픔에
엄마를 부르고
아빠를 부르고
누나 작은누나 큰누나를 부르고
아아 그리고 드디어 너는
그 괴론 육신을 육신으로만 남기고 갔나니

봄의 시선

어느 가을날 저녁 처마의 제비 그의 집 비우고

돌아오지 않은 채 가 버리듯 너는 그렇게 가고

세월은 진실로 복된 손길인 양 스쳐 흘러갔건만

석양의 가늘고 외론 행인의 그림자 어린 이 먼 호(胡)나라 거리

강냉이 구워 파는 내음새 풍기는 늦은 가을이 오면

철 지운 새 모양 너 생각 다시금 의지 없고나

무덤가에 적은 멧새 와서 울고

저녁놀이 누나 엄마가 사는 먼 세상을 물들일 때

애기야 너는 혼자 외로워 외로워

그 귀 익은 창가를 소리 높이 부르고

날마다 날마다 고와지는 좋은 백골이 되라

저녁에

-김광섭

저렇게 많은 별들 중에
별 하나가 나를 내려다본다

이렇게 많은 사람 중에
그 별 하나를 쳐다본다

밤이 깊을수록
별은 밝음 속에 사라지고
나는 어둠 속으로 사라진다

이렇게 정다운
너 하나 나 하나는
어디서 무엇이 되어
다시 만나랴

봄의 시선

진짜 슬픔은 시간이 간다고 해서 치유되지 않는다 … .
시간이 흘러 달라지는 게 있다면 슬픔이 더 깊어진다는 것이다.
우리가 오래 살면 살수록 그녀가 우리에게 어떤 사람이었는지
더 명확하게 인식하고 그녀의 사랑이 우리에게 어떤 의미인지
더 깊이 실감한다.

모두가 알 듯
진실하고 깊은 사랑은 전혀 야단스럽지 않으며,
단순하고 명확해 보이고, 늘 곁에 있어서
우리는 그것을 당연하게 여긴다.
그러다 시간이 지나 되돌아볼 때 혹은 지난날을 추억할 때야
비로소 그 사랑의 힘과 깊이를 제대로 깨닫는다.
그렇다,
정말이지 사랑은 고통 속에서 모습을 드러낼 때가 많다.

- 헨리 나우웬

돌아봄

슬픔은
한 번 더 사랑하라고
우리를 부추긴다.

– 테리 템페스트 윌리엄스

봄 향기

슬픔의 끝은 없다
사랑도 끝이 없다

산은 키가 자라지 않는다.

대신 나무를 키워 울창함으로 위용을 드러낸다.

산은 제 살을 깎아 골을 메우고 파인 웅덩이를 덮는다.

그렇게 퍼 주고 퍼 주어도 가난하지 않다. 오히려 나누어서 배부르다.

산은 찾아오는 이 없어도 울지 않는다.

사람들의 분주함을 잠재우기 위해 홀로 자장가를 부르며 잠든다.

아침이 오면 산은 새들이 부르는 노래에 눈을 부비며

긴 숨으로 세상에 생명을 불어넣는다.

산은 늙지 않는다.

지쳐 버린 시간이 산에 기대어 걷는다.

그러다가 산은 봄으로 깨어난다.

아, 봄이다

-송길원

돌아봄

봄 중에 봄은 '돌아봄'이다. 그러다 보면 어느새 슬픔은 사라지고 봄이 와 있음을 알게 된다. 페이스북의 최고운영책임자(COO) 셰릴 샌드버그, 남편이 죽은 지 약 한 달 만에 처음으로 입을 열었다. 셰릴이 페이스북에 올린 장문의 편지에서 봄소식을 듣는다.

셰릴의 사부곡

전 이렇게 생각해요. 비극이 일어날 때, 우린 선택을 선물 받는다고. 당신은 텅 빈 가슴속에 그 비극을 남겨 둘 수도 있겠죠. 아니면 비극에서 새로운 의미를 찾을 수도 있을 거예요. 지난 30일간 전 텅 빈 가슴속에서 많은 순간들을 잃어버렸어요. 앞으로도 매 순간들이 그 공허함 속에서 사라져 버릴 거란 것도 알았죠.

하지만 할 수만 있다면 새로운 의미와 새로운 삶을 찾고 싶어요. 이제 전 쉴로쉼(유대인들이 지키는 30일의 애도 기간)이 끝난 것을 기념하고, 그동안 절 위로해 줬던 많은 이들에게 보답하고자 합니다. 슬픔이란 경험은 지극히 개인적이지만, 전 용기를 내 이 경험을 다른 사람들과 공유하려 합니다. 처음에 제게 마음을 열어 준 것은 가장 친한 친구들이었어요. 다른 많은 이들도 지혜와 조언을 제게 나눠 줬죠. 덕분에 전 희망을 갖게 됐고 이젠 다른 누군가를 도울 수 있을 것 같아요. 비극에서 찾은 의미는 이제 희망으로 다가옵니다.

지난 30일이 30년처럼 느껴졌어요. 전 30년만큼의 슬픔을 느꼈지만 또 그만큼 현명해졌다고 생각합니다. 데이브가 떠나고 30일 동안 제 아이는 울며 소리 질렀어요. 그때 제가 느낀 고통의 깊이는 이루 말할 수 없었죠. 하지만 그때 어머니가 저를 보며 느꼈을 고통이 떠올랐어요. 이런 경험을 통해 전 비로소 어머니가 된다는 것의 심오한 의미를 알 것 같았어요.

어머니는 어릴 적 제가 울다 지쳐 잠들기 전까지 제 침대의 빈 공간을 채워 주곤 했어요. 때론 제 앞에서 눈물을 보이지 않으려고 참으시기도 했죠. 우리 딸도 지금 얼마나 힘들까요. 딸의 눈에 아른거리는 고통을 볼 때마다 전 어머니가 제게 했던 것처럼 딸에게도 똑같은 용기를 내야 한다고 믿습니다.

암 말기에 처해 있던 제 친구는 이렇게 말하더군요. 사람들이 했던 말 중 최악은 '다 잘될 거야'란 말이었다고. 저도 되묻고 싶었어요. '잘될지 어떻게 알아?', '난 죽을 것만 같은데, 이해하기나 해?' 그리고 지난 한 달 동안 그 친구가 제게 알려 주려고 했던 걸 깨달았어요. 진짜 공감이란 건 때론 '잘될 거야'라고 말하는 것이 아니라 그저 힘든 상황을 그대로 인정해 주는 것이란 사실을.

사람들은 말해요. "너와 네 딸은 곧 행복을 찾게 될 거야"라고. 그러면 제 가슴은 이렇게 말해요.

'맞아. 나도 그렇게 믿어. 하지만 예전처럼 순수했던 행복을 결코 다시 느낄 순 없겠지.'

누군가는 또 이렇게 말하더군요.

"예전처럼 좋아질 순 없을 거야. 하지만 이제 새로운 행복을 찾으렴."

차라리 이 말을 듣고 전 마음이 놓였어요. 그들은 적어도 진실을 말한다고 생각했거든요. 사람들이 좋은 의도를 지니고 물어보는 "어떻게 지내?"란 말도 그저 "오늘은 어때?"라고 물어봐 줬으면 했어요. 어떻게 지내냐고요? 제 남편은 한 달 전에 죽었어요. 제가 어떨 것 같아요? 그래도 '오늘은 어때?'란 질문을 들으면 하루하루를 어떻게든 버텨 나가는 것이 지금 제가 할 수 있는 최선이란 걸 깨달아요.

전 가족과 친구들에게 도저히 슬픔을 표현할 수 없을 것 같아요. 그들은 제게 너무 많은 것을 해 줬고 항상 제 곁에서 절 안심시켜 줬거든요. 제가 공허감에 사무칠 수 없을 만큼 힘들 때마다, 그리고 제 앞에 끝없는 슬픔이 이어질 때마다, 그들은 따스한 얼굴로 절 두려움과 외로움 속에서 꺼내 줬어요. 그들에 대한 제 고마움은 끝이 없을 거예요. 전 이 친구들 중 한 명에게 데이브가 떠난 자리를 채워 달라고 말한 적이 있어요. 전 데이브를 생각하며 그와 계획을 짰죠. 그러다 갑자기 그에게 울음을 터뜨렸어요.

"하지만 난 데이브를 원해. 난 그가 없으면 안 돼."

그 친구는 저를 팔로 감싸더니 말했죠.

"데이브는 여기 없어. 하지만 네가 그를 원한다면 다른 대안도 없어."

봄 향기

데이브, 당신과의 추억을 기억하며 우리 아이를 잘 기를게요. 우리 아이는 대접받을 자격이 있어요. 전 약속했어요. 새로운 삶을 찾기 위해 뭐든지 하겠다고. 쉴로쉼은 끝났지만 여전히 전 당신을 그리워하네요. 내겐 당신뿐이에요. 보노(아일랜드 출신의 록밴드 U2의 보컬)는 "슬픔의 끝은 없어 … 그리고 사랑의 끝도 없지"라고 노래했죠.

사랑해요, 데이브.

삶에서 모든 경이로운 것들은 너무도 단순해서
사람들은 더는 만질 수 없을 때가 되어서야
그 경이로움을 깨닫는다.
조니가 내 곁에서 삶의 경이로움과 아름다움과 기쁨을
누릴 수 없어 슬픈 이 순간,
나는 그 어느 때보다도 강렬하게 그 모든 걸 느낀다.

– 프랜시스 건서

봄길

-정호승

길이 끝나는 곳에서도
길이 있다
길이 끝나는 곳에서도
길이 되는 사람이 있다
스스로 봄길이 되어
끝없이 걸어가는 사람이 있다
강물은 흐르다가 멈추고
새들은 날아가 돌아오지 않고
하늘과 땅 사이의 모든 꽃잎은 흩어져도
보라
사랑이 끝난 곳에서도
사랑으로 남아 있는 사람이 있다
스스로 사랑이 되어
한없이 봄길을 걸어가는 사람이 있다

돌아봄   75

영원히 사랑한다는 것은

-도종환

영원히 사랑한다는 것은

조용히 사랑한다는 것입니다

영원히 사랑한다는 것은

자연의 하나처럼 사랑한다는 것입니다

서둘러 고독에서 벗어나려 하지 않고

기다림으로 채워 간다는 것입니다

비어 있어야 비로소 가득해지는 사랑

영원히 사랑한다는 것은

평온한 마음으로 아침을 맞는다는 것입니다

사랑하는 사람을 잃는 것은

몸 한쪽이 허물어지는 것과 같아

골짝을 빠지는 산울음소리로

평생을 떠돌고도 싶습니다

그러나 사랑을 흙에 묻고

돌아보는 이 땅 위에

그림자 하나 남지 않고 말았을 때

바람 한줄기로 깨닫는 것이 있습니다

봄 향기

이 세상에 사는 동안 모두 크고 작은 사랑의 아픔으로
절망하고 뉘우치고 원망하고 돌아서지만
사랑은 다시 믿음 다시 참음 다시 기다림
다시 비워두는 마음으로
하나가 되어야 한다는 것입니다

사랑으로 찢긴 가슴은
사랑이 아니고는 아물지 않지만
사랑으로 잃은 것들은
사랑이 아니고는 찾아지지 않지만
사랑으로 떠나간 것들은
사랑이 아니고는 다시 돌아오지 않지만

비우지 않고 어떻게 우리가
큰 사랑의 그 속에 들 수 있습니까
한 개의 희고 깨끗한 그릇으로 비어 있지 않고야
어떻게 거듭거듭 가득 채울 수 있습니까

영원히 사랑한다는 것은
평온한 마음으로 다시 기다린다는 것입니다

봄 향기

엄마 걱정

-기형도

열무 삼십 단을 이고
시장에 간 우리 엄마
안 오시네, 해는 시든 지 오래
나는 찬밥처럼 방에 담겨
아무리 천천히 숙제를 해도
엄마 안 오시네, 배춧잎 같은 발소리 타박타박
안 들리네, 어둡고 무서워
금 간 창틈으로 고요히 빗소리
빈방에 혼자 엎드려 훌쩍거리던
아주 먼 옛날
지금도 내 눈시울을 뜨겁게 하는
그 시절, 내 유년의 윗목

민들레 이야기

-권정생

소달구지가 짓찧고 지나가고
경운기가 뭉개고 지나가고
아이들이 밟고 지나가고
염소가 뜯어 먹고
사람들이 꼴로 베어 가고
민들레는 싹이 트면서부터
시달리고 시달리고

엄마 민들레는 잎사귀마다 상처투성이
엄마 민들레는 뿌리로 땅을 움켜잡고
까무라치고 쓰러지고
눈만 뜨면 하늘을 쳐다보고
엄마 민들레는 한없이 울고

민들레는 왜 꽃으로 피어날까?

샛노랗게 샛노랗게 피어날까?

엄마 가슴처럼 따뜻하게 피어날까?

아가 웃음처럼 생그러울까?

왜 미워하지 않을까?

왜 서러워하지 않을까?

왜 웃을까? 왜 웃을까?

봄 향기

남편

-문정희

아버지도 아니고 오빠도 아닌
아버지와 오빠 사이의 촌수쯤 되는 남자

내게 잠 못 이루는 연애가 생기면
제일 먼저 의논하고 물어보고 싶다가도
아차, 다 되어도 이것만은 안 되지 하고
돌아누워 버리는
세상에 제일 가깝고 제일 먼 남자

이 무슨 원수인가 싶을 때도 있지만
지구를 다 돌아다녀도
내가 낳은 새끼들을 제일로 사랑하는 남자는
이 남자일 것 같아
다시금 오늘도 저녁을 짓는다

그러고 보니 밥을 나와 함께
가장 많이 먹은 남자
전쟁을 가장 많이 가르쳐 준 남자

봄 향기

제가 의사한테 남은 날이 1년이라는 말을 들은 뒤로는
남편이 절대로 저한테 고함치지 않기로 약속했어요.
성질이 급한 사람이었거든요.

그런데 저한테 가장 기쁜 순간은
제가 아프다는 걸 잊어버린 채 남편이 또 고함을 칠 때예요.
그건 제 병을 남편도 까먹었다는 거잖아요?
그게 가장 기뻐요.

–사노 요코

그대 있음에

-김남조

그대의 근심 있는 곳에
나를 불러 손잡게 하라
큰 기쁨과 조용한 갈망이
그대 있음에
내 맘에 자라거늘
오, 그리움이여
그대 있음에 내가 있네
나를 불러 손잡게 해

그대의 사랑 문을 열 때
내가 있어 그 빛에 살게 해
사는 것의 외롭고 고단함
그대 있음에
삶의 뜻을 배우니
오, 그리움이여
그대 있음에 내가 있네
나를 불러 그 빛에 살게 해

노을 스러지는 그 뒤로

-서정윤

산 뒤로 노을이
아직 해가 남았다고 말할 때
나무들은 점점 검은 눈으로 살아나고
허무한 바람 소리 백야처럼
능선만 선명하게
하늘과 다른, 땅을 표시한다.

고통 속에서만 꽃은 피어난다.
사랑 또한 고통으로 해방될 수 있음을
무수히 자신을 찢으며 깨달아 가는 것이다.
노을 스러지는 그 뒤로
바람마저 지나가 버리는
내 마음의 간이역에는 … .
아직도 기다리는 엽서 사연들이
오래된 낙엽으로 밟히고
먼저 잠든 자의 표정에서
내 슬픈 방황 먼 흐름의 물길을 찾는다.

봄 향기

창에 비치는 풍경이 눈앞에서 맴돌고
긴 흔들림에 영혼이 지쳐
내 속의 장미 시들어 가시만 남는다.
귀가를 서두르며 나는
스러지는 노을, 그 뒤로 따라가고 있다

봄 향기

구두 뒤축에 대한 단상

-복효근

겉보기엔 멀쩡한데
발이 빠져나간
구두의 뒤축이 한쪽으로 심하게 닳았다

보이지 않은 경사가 있다
보이는 몸이 그럴진대는
헤아릴 수도 없을 마음의 경사여

구두 뒤축도 없는 마음의 기울기는
무엇이 보정해 주나
또 뒷모습만 들켜 주는 그 경사를 누가 보아 주나

마지막 구두를 벗었을 때
생애의 기울기를 볼 수는 있을 것인가
수평을 이룰 때 비로소 완성되어 버릴 생이여, 비애여

닳은 구두 뒤축 덕분에 나는 지금 멀쩡하게 보일 뿐이다

봄 향기

꽃

-라빈드라나드 타고르

나는 나무에게 물었다
하나님에 대해 말해 주겠니?

그러자
나무는 꽃을 피웠다.

봄 향기

돌아봄

엄마는 육군 상병

-심재기

고운 얼굴 이마에 세 가닥 주름
엄마는 육군 상병

아빠의 술 담배가 한 가닥
말썽꾸러기 내 동생이 한 가닥
공부 않고 컴퓨터만 한다고
내가 그은 한 가닥
셋이서 붙여 드린 상병 계급장

지친 몸 눕히시고 코를 고실 때
열심히 가만가만 문질렀지만
조금도 지워지지 않는
상병 계급장

신문에는 왜 인사, 동정과 부고가 나란히 함께 실릴까? '
바빠서 죽을 시간도 없다'는 사람들아! 날 좀 보소.
그대도 언젠가 '인사란'에서 '부음란'으로
자리 이동을 할 것을 알고 살아가소.
당신과 나의 거리는 불과 50㎜일 뿐.
Memento Mori!

새겨봄

독일에서는

묘지를

'friendhof'(평화의 뜰)라 한다.

봄 소리

제발 죽지 말아요

옷에 관한 서사

> 또 머리를 쌌던 수건은 세마포와 함께 놓이지 않고 딴 곳에 쌌던 대로
> 놓여 있더라(요한복음 20:7).

부활하신 그분이 굳이 옷까지 개켜 놓고 나올 특별한 사정이 있었던 것일
까? 더 급한 것은 자신이 살아났다는 것을 알리는 일일 텐데 ⋯ .

> 예수의 사랑하시는 그 제자가 베드로에게 이르되 주시라 하니 시몬
> 베드로가 벗고 있다가 주라 하는 말을 듣고 겉옷을 두른 후에 바다로
> 뛰어내리더라(21:7).

베드로의 낙향(?), 그는 상실감과 함께 전업으로 복귀해 고기잡이를 하고
있었다. 그때 부활하신 예수가 나타났다. 예수를 발견한 순간 베드로는 벗

어 두었던 겉옷을 입고 물속으로 뛰어들었다. 바다로 뛰어들려면 입었던 옷도 벗어야 한다. 그런데 그는 왜 벗었던 옷을 걸쳐 입었을까?

중동 사람들은 더운 날씨에도 불구하고 머리에 온갖 종류의 천을 칭칭 감고 다닌다. 무슨 이유일까? 종교적 제의 때문에? 아니면 사막의 모래바람을 이겨내기 위해? 전통의상에 대한 향수?

질문은 끝없다. 왜 식의주(食衣住)나 주식의(住食衣)가 아니고 의식주(衣食住)여야 할까? 성경에 돈보다 두 배 이상으로 옷에 대한 언급이 많이 등장하는 이유는 뭘까? 무려 355번이다.

지구촌 구석구석에는 아직도 포탄 소리가 끊이지 않는다. 기근에 허덕이는 자들은 또 몇인가? 그런데 한가하게 옷 타령이냐고?

글로 벌, 반성문을 써야…

한때는 고대 문명의 요람으로 손꼽히던 땅 시리아. 메소포타미아 평야를 가로지르는 유프라테스 강과 팔미라 유적 등 수많은 문화유산을 가진 '사막의 진주'. 하지만 지금은 2천 3백만 민족이 난민 신세가 된 슬픔의 땅이 되었다. 내전으로 인한 상흔은 깊고 깊다. 전쟁과 내전, 정정 불안으로 북아프리카와 아랍 세계를 탈출해 새로운 삶을 추구하고자 작은 배에 가득가득 난민이 올라타 죽음의 항해를 한다.

세 살배기 난민 아일란 쿠르디의 주검은 그 상징이다. 사람들은 경악했다. 아니 큰 슬픔에 잠겼다. 그 어린아이가 죽기 전 아빠를 걱정하며 '아빠,

봄 소리

제발 죽지 말아요'라고 했던 말 때문에 끝내 눈시울을 적셔야 했다. 아일란
은 죽어 가면서 어떤 기도를 했을까? 죽음이 두렵지는 않았을까?
이번에는 역사의 물줄기를 거슬러 가 보자.

> 1300년에서 1683년까지 소아시아의 미미했던 소공국이었던 오스
> 만은 거대한 영토를 가진 제국으로 확장되었다. 그 영토는 아라비
> 아 반도, 남방의 나일 강 상류, 페르시아 만 인접 바스라, 동방의 이
> 란 고원, 서방의 지브롤터 부근, 북쪽으로는 우크라이나 초원과 빈
> (Wien·Vienna)의 성채까지 뻗어 나갔다. 오스만의 영토 확장은 그 영
> 역이 흑해, 에게 해, 지중해, 카스피 해, 홍해에 이르는 거대한 제국이
> 되었을 때 비로소 끝났다(최성권,《중동의 재조명》중에서).

앙카라의 투르크 족장 오스만(Osman I : 1281~1324, 아랍어 Uthman에서 유
래)의 이름을 따라 지어졌다는 오스만 제국(The Osman Turk Empire)의 힘
은 도대체 어디서 나온 것일까? 그 힘이 총과 칼이 아닌 의상(衣裳), 터번에
있었다고 한다면 믿기라도 할까?

터번의 비밀?

전쟁이 잦았던 시절 그들은 언제 죽을지 모를 자신을 위해 터번을 감았다.
적어도 자신에 대한 배려였고 예의였다. 그래서 터번의 크기는 계급과 신

분에 따라 모양과 크기가 달라진 게 아니었다. 오로지 자신의 몸통 크기에 비례했다. 그들은 집을 나서며 터번을 두르고, 집에 들어와 잠자리에 들기 전에 터번을 풀었다. 터번을 매고 풀면서 그들은 무슨 생각을 제일 많이 했을까?

메소포타미아 문명과 페르시아, 로마의 문물로 번성했던 역사를 지닌 땅보다는 아일란 쿠르디의 고향으로 더 많이 기억될 시리아는 5년 전부터 시작된 피의 내전으로 2011년 이후 사망자가 22만 명을 넘었다. 절반 이상이 민간인이었다. 그렇게 생긴 난민이 1,160여만 명. 전체 인구 2천 3백만 명의 절반이다. 이 중 4백여만 명은 국경을 넘어 이웃 나라로 떠났다. 1945년 독립 후 희망에 들떴으나 한순간에 꺾이고 말았다.

또다시 묻게 된다. 그들은 터번의 의미를 알고나 있었을까? 자기가 입은 군복이 수의(壽衣)라는 것조차 모르는 개념 없는 군인들이 생각나서다. 사람들은 대부분 죽고 나면 수의(壽衣)를 입는다. 그리고 묘비를 세운다. 하지만 군인에게는 군복이 곧 수의다. 죽음을 입은 셈이다. 거기다 목에 걸은 군번줄(인식표)은 곧 묘비가 된다. 묘비를 몸에 지니고 다니는 사람은 군인밖에 없다.

다시 새겨 보는 죽음

사람은 옷을 통해 존재를 증명한다. 옷은 때로는 인격이며 상징이기도 하다. 낮고 천한 색이었던 검은색이 정장의 기본이 된 이유도 성경의 가르침에 기초한다. 성경에 이르지 않던가?

> 그러므로 너희는 하나님이 택하사 거룩하고 사랑받는 자처럼 긍휼과
> 자비와 겸손과 온유와 오래 참음을 옷 입고(골로새서 3:12).

수도사들이 그랬다. '자신을 낮추고 상대방을 높인다'는 의미를 검은색에 담았던 것이다.

이는 다시 계몽주의, 민주주의 시대를 맞아 공(公)개념이 생겨나면서 국민이나 주인·고객을 받드는 일을 하는 공직자·집사·변호사 등등의 사람들이 검은 정장을 입으면서 이제는 권위를 나타내는 색으로 변한 것이다. 레스토랑의 웨이터나 공직자는 물론 국가수반까지 검은 정장을 입는 것에서는 실용성도 고려되었지만 그보다는 봉사의 의미가 먼저다(신성대,《품격경영》중에서).

가끔은 터번까지는 몰라도 검은색으로 내 몸을 둘러보는 것은 어떨까? 아니 옷을 꺼내 입기 전에 내가 내 옷을 스스로 다림질해 볼 수는 없을까?

> 주름진 당신의 시간들을
> 하나하나 펼쳐 본다
> 꼬깃꼬깃한 셔츠 깃, 소매 자락
> 고온 열로 쫙-쫙
> 뜨거운 길을 낸다
> 하얗게 뭉쳐진 옹이가 맺혀 있어

스쳐 지나는 그 흔적이 아프다

날을 세운다

빳빳이 깃 날을 세운다

물컹하면 견디기 힘든 세상

물기 젖은 당신의 내일에

자존을 세운다

야무진 내 기도를

함께 눌러둔다.

−김서희, 다림질을 하면서

아일란의 말이 귓가를 스치운다.

'아빠, 제발 죽지 말아요.'

어느새 겨울이 가고 봄이 눈앞에 와 있다.

봄 소리

모든 사람들에게 너의 귀를 주어라.
하지만 너의 목소리는 몇 사람에게만 주어라.

네가 만나는 모든 이들에게 가장 먼저 미소 지어 주고
동시에 너를 위해 웃음 지어 주는 일도 잊지 말아라.

세상 모든 이들에게 칭찬의 소나기를 퍼붓되
너를 위해서는 충고의 한마디를 꼭 남겨 두도록 해라.

모든 사람들에게 너의 시간과 돈을 아낌없이 나누어 주되
너 자신을 위해서 하루 한 시간과
스스로에게 밥을 사 줄 용돈은 남겨 두어라.

너의 미래(*future*)를 모든 이들에게 골고루 나누어 주되
현재(*present*)는 너 자신을 위한 선물(*present*)이
되게 해라.

삶이 그대를 속일지라도

-알렉산드르 푸슈킨

삶이 그대를 속일지라도
슬퍼하거나 노하지 말라
슬픔의 날 참고 견디면
머지않아 기쁨의 날 오리니

마음은 미래에 사는 것
현재는 언제나 슬픈 것
모든 것은 일순간에 지나가며
지나간 것은 다시 그리워지나니

봄 소리

우화의 강

-마종기

사람이 사람을 만나 서로 좋아하면
두 사람 사이에 물길이 튼다.
한쪽이 슬퍼지면 친구도 가슴이 메이고
기뻐서 출렁거리면 그 물살은 밝게 빛나서
친구의 웃음소리가 강물의 끝에서도 들린다.

처음 열린 물길은 짧고 어색해서
서로 물을 보내고 자주 섞여야겠지만
한세상 유장한 정성의 물길이 흔할 수야 없겠지.
넘치지도 마르지도 않는 수려한 강물이 흔할 수야 없겠지.

긴말 전하지 않아도 미리 물살로 알아듣고
몇 해쯤 만나지 못해도 밤잠이 어렵지 않은 강.
아무려면 큰 강이 아무 의미도 없이 흐르고 있으랴.
세상에서 사람을 만나 오래 좋아하는 것이
죽고 사는 일처럼 쉽고 가벼울 수 있으랴.

큰 강의 시작과 끝은 어차피 알 수 없는 일이지만
물길을 항상 맑게 고집하는 사람과 친하고 싶다.
내 혼이 잠잘 때 그대가 나를 지켜보아 주고
그대를 생각할 때면 언제나 싱싱한 강물이 보이는
시원하고 고운 사람을 친하고 싶다.

봄 소리

고독하다는 것은

-조병화

고독하다는 것은
아직도 나에게 소망이 남아 있다는 거다
소망이 남아 있다는 것은
아직도 나에게 삶이 남아 있다는 거다
삶이 남아 있다는 것은
아직도 나에게 그리움이 남아 있다는 거다
그리움이 남아 있다는 것은
보이지 않는 곳에
아직도 너를 가지고 있다는 거다

이리저리 생각을 해 보아도
어린 시절의 마당보다 좁은 이 세상
인간의 자리 부질없는 자리
가리울 곳 없는 회오리 들판

아 고독하다는 것은

아직도 나에게 소망이 남아 있다는 거요

소망이 남아 있다는 것은

아직도 나에게 삶이 남아 있다는 거요

삶이 남아 있다는 것은

아직도 나에게 그리움이 남아 있다는 거요

그리움이 남아 있다는 것은

보이지 않는 곳에 아직도 너를 간직하고 있다는 거다

봄 소리

한줄기 빛

-폴 틸리히

우리가 큰 고통과 불안 속에 있을 때
은총은 갑자기 우리를 찾아옵니다.

은총은 우리가 허무하고 공허한 삶의
깊은 골짜기 속을 헤매일 때
갑자기 찾아옵니다.

우리가 사랑했었던
혹은 그로부터 소외되었던
다른 사람의 삶을 깨뜨렸다고 느낌으로써
우리들 사이의 거리가 점점 더 멀어져 갈 때
은총은 갑자기 우리를 찾아옵니다.

우리가 우리 자신의 존재, 우리의 무관심,
우리의 약함, 우리의 집착과
방향을 잃어버린 것에 대한 혐오가 더 이상
우리에게 참을 수 없게 되었을 때
은총은 갑자기 우리를 찾아옵니다.

봄 소리

해가 수없이 흘러도 그렇게 고대하던
삶의 완전한 모습이 나타나지 않을 때,
몇십 년이나 그랬던 것처럼
여전히 오래된 억압이
우리 자신 속에 군림할 때
실망이 모든 기쁨과 용기를 앗아갈 때
은총은 갑자기 우리를 찾아옵니다.

간혹 그런 순간에 한줄기 빛이
우리의 어둠을 헤치고 들어옵니다.

봄 소리

나무

-안도현

비가 오나 눈이 오나 사시사철 나무가 버티는 것은
귀뺨을 폭풍한테 얻어맞으면서
이리저리 머리채를 잡힌 채
전전긍긍하면서도 기어이 버티는 것은
자기 자신을 위해서가 아니라
버티는 것을
이제 막 꼼지락꼼지락 잎을 내밀기 시작하는 어린 나무들에게
보여주어야 하기 때문이다
그래야 훗날 이 세상을 나무의 퍼덕거림으로 가득 채울 수 있기 때문이다

최대한 버티는 게 나무의 교육관이다
낮은 곳을 내려다볼 줄 아는 것,
가는 데까지 가 보는 삶이
아름답다는 것을 온몸으로 가르쳐 주며
나무는 버틴다

나무라고 해서 왜 가지가지 신경통을 모르겠으며

잎사귀마다 서러움으로 울컥일 때가 왜 없었겠는가
죽어버릴 테야
하루에도 몇 번씩 고개 휘저어 보던 날도 있었을 것이다

트럭을 탄 벌목꾼들이 당도하기 전에
그냥 푹, 고꾸라져도 좋을 것을
죽은 듯이 쓰러져 이미 몸 한쪽이 썩어 가고 있다는 듯이
엎드려 있어도 될 것을 나무는
한사코 서서, 나무는 버틴다

체제에 맞서 제일 잘 버티는 놈이
제일 먼저 눈 밖에 나는 것,
그리하여 나무는
결국은 전 생애를 톱날의 아구 같은 이빨에 맡기고 마는데,
여기서 나무의 생은 끝장났다네,
저도 별수 없지, 하고 속단해서는 안 된다
끌려가면서도 나무는 버틴다

버텼기 때문에 나무는 저를 싣고 가는 트럭보다 길다
제재소에서 토목토막으로 잘리면서 나무는
데구르르 나뒹굴며
이제 신의주까지 기차를 나르는 버팀목이 될 거야, 한다
나무는 버틴다

134

장례를 뜻하는 'funeral'은
'fun'에
영원(*eternal*)의 'n'이 생략된 어미형 'eral'이
합쳐진 단어가 아닐까?
즉, '영원한 즐거움으로 들어선다'는 의미다.

나를 위로하는 날

-이해인

가끔은 아주 가끔은
내가 나를 위로할 필요가 있네

큰일 아닌데도
세상이 끝난 것 같은
죽음을 맛볼 때

남에겐 채 드러나지 않은
나의 허물과 약점들이
나를 잠 못 들게 하고

누구에게도 얼굴을
보이고 싶지 않은 부끄러움에
문 닫고 숨고 싶을 때

괜찮아 괜찮아
힘을 내라구
이제부터 잘하면 되잖아

조금은 계면쩍지만
내가 나를 위로하면
조용히
거울 앞에 설 때가 있네

내가 나에게 조금 더
따뜻하고 너그러워지는
동그란 마음
활짝 웃어 주는 마음

남에게 주기 전에
내가 나에게 먼저 주는
위로의 선물이라네

봄 소리

바람 부는 날의 풀

-윤수천

바람 부는 날
들에 나가 보아라
풀들이 억센 바람에도
쓰러지지 않는 것을 보아라

풀들이 바람 속에서
넘어지지 않는 것은
서로가 서로의 손을
굳게 잡아 주기 때문이다

쓰러질 만하면
곁의 풀이 곁의 풀을
넘어질 만하면
곁의 풀이 또 곁의 풀을
잡아 주고 일으켜 주기 때문이다

봄 소리

이 세상에서 이보다 아름다운 모습이
어디 있으랴

이것이다
우리가 사는 것도
우리가 사랑하고 또 사랑하는 것도 …

바람 부는 날 들에 나가 보아라
풀들이 왜 넘어지지 않고 사는가를 보아라

봄 소리

모든 순간이 꽃봉오리인 것을

-정현종

나는 가끔 후회한다
그때 그 일이
노다지였을지도 모르는데
그때 그 사람이
그때 그 물건이
노다지였을지도 모르는데
더 열심히 파고들고
더 열심히 말을 걸고
더 열심히 귀 기울이고
더 열심히 사랑할 걸

반벙어리처럼
귀머거리처럼
보내지는 않았는가
우두커니처럼
더 열심히 그 순간을
사랑할 것을

봄 소리

모든 순간이 다아
꽃봉오리인 것을
내 열심에 따라 피어날
꽃봉오리인 것을!

젊은 시인에게 주는 충고

-라이너 마리아 릴케

마음속의 풀리지 않는 모든 문제들에 대해 인내심을 가지라.

문제 그 자체를 사랑하라.

지금 당장 해답을 얻으려 하지 말라.

그건 지금 당장 주어질 순 없으니까.

중요한 건 모든 것을 살아 보는 일이다.

지금 그 문제들을 살라.

그러면 언젠가 먼 미래에, 자신도 알지 못하는 사이에

삶이 너에게 해답을 가져다줄 테니까.

봄 소리

사랑은

-나태주

사랑은
안절부절.

사랑은
설레임.

사랑은
서성댐.

사랑은
산들바람.

사랑은
나는 새.

봄 소리

사랑은
끓는 물.

사랑은
천의 마음.

봄 소리

자궁(*womb*)과 무덤(*tomb*)은

글자 한 자 차이일 뿐 …

안아봄

치유할 시간이 필요할 때

오랜 시간 느긋하게 산책하는 것만큼 좋은 게 없다.

두 발과 다리를 리드미컬하게 움직이다 보면

거미줄처럼 엉킨 머릿속이 놀랄 만큼 말끔하게 정리된다.

– 앤 윌슨 셰프

봄의 절정

필사로 연주하는 레퀴엠

모든 악기에는 정관사 '더'(the)가 붙는다. 하나님을 노래하도록 지어졌기 때문이다. 그래서 '도레미파솔라시도' 8음계에도 Dominus(하나님), Resonance(울림, 하나님의 음성), Miracle(기적), Famille(가족, 제자), Solution(구원, 하나님의 사랑), Labii(입술), Sanctus(거룩)의 의미가 담겨 있다. 악기 중 유일하게 부정관사 '어'(a)가 붙는 것이 드럼이다. 잡신을 부르는 악기여서란다.

　양평의 W-zone에 세워진 세계에서 제일 작은 청란교회(Capella Ovi)에는 초소형의 파이프 오르간이 놓여 있다. 그 소리가 신비에 가깝다. 소리공학자들의 결론은 공명(共鳴)에 답이 있단다. 청란교회 안에서 마에스토소(*maestoso*: 장엄하게)로 울려 퍼지던 소리가 산티아고 순례길을 거쳐 비채광장에 이르면 아니마토(*animato*: 생기 있게)로 가슴을 적신다. 회복이다. 저 높이 산을 타고 오르는 이들에겐 에네르지코(*energico*: 힘차게)로 발걸음을 재촉한다. 꿈이 된다. 이렇듯 아름다운 소리가 W-zone 전체를 뒤덮을 때면 어머니 품 안처럼 따뜻하기만 하다. 아마빌레(*amabile*: 사랑스럽게)다. 그 누가 이런 소리를 창조한 것일까?

브람스의 〈독일 레퀴엠〉*

가장 순수한 예술적 수단, 즉 영혼의 따스함과 깊이, 새롭고 위대한 관념, 그리고 가장 고귀한 본성과 순결로 일궈 낸 최고의 작품이다. 바흐와 베토벤의 〈장엄미사〉를 제외하면 이 분야에서 이 곡에 비견될 만한 작품은 없다.

당대 최고의 비평가인 한슬리크가 위와 같이 극찬했던 〈독일 레퀴엠〉은 브람스가 장장 10년이 넘는 시간을 소요하며 심혈을 기울여 탄생시킨 노작(勞作)이다.

일반적으로 '레퀴엠'은 죽은 사람을 위한 미사, 즉 죽은 사람의 영혼을 위로하는 음악으로 대개는 라틴어에 가사를 붙인 곡이다. 하지만 〈독일 레퀴엠〉의 가사는 라틴어가 아닌 마르틴 루터가 번역한 독일어 성경의 여러 부분에서 브람스 자신이 선별한 구절들의 조합으로 이루어진다. 따라서 이 작품은 기독교 예전(禮典, *liturgy*)에서 영향을 받았으면서도 그것과 직접적인 연관성은 가지지 않는 '연주회용 종교곡'의 성격을 띠는 곡이자, 죽은 사람의 영혼을 위로하는 라틴어 가사의 '레퀴엠'과는 달리 사랑하는 이를 잃은 자들에 대한 동정과 따뜻한 위로가 느껴지는 곡이라 할 수 있다. 〈독일 레퀴엠〉은 스승인 슈만의 죽음과 사랑하던 어머니의 죽음으로 인해 미

---

* 국립극장에서 국립합창단이 공연한 〈독일 레퀴엠〉의 작품 해설을 갈무리했다.

사곡에 관심을 가지고 그들을 애도하는 뜻으로 작곡되었다고 알려졌으며, 고금의 합창곡들 중에서도 예술미가 풍부할 뿐 아니라 장엄미를 잘 표현한 명작으로 꼽힌다.

〈독일 레퀴엠〉은 총 7곡으로 구성되는데 창조주의 전능, 인생의 무상, 심판의 공포, 죽음의 운명, 위안, 남은 자의 슬픔 그리고 부활의 희망을 다룬다. 브람스의 〈독일 레퀴엠〉을 필사로 연주해 본다.

제 1곡
〈애통한 자는 복이 있나니〉(*Selig sind, die da Leid tragen*)
(될 수 있는 대로 느리게, 표정을 붙여서)
가사는 마태복음 5장 4절과 시편 제 126편의 5~6절 순이다. 침울하지만 신비한 악장이다. 이 곡을 포함해 여기에 소개하는 가사는 모두 공동번역 성서에서 발췌한 것이다.

　　슬퍼하는 사람은 행복하다.
　　그들은 위로를 받을 것이다.

　　눈물을 흘리며 씨 뿌리는 자,
　　기뻐하며 거두어들이리라.
　　씨를 담아 들고
　　울며 나가는 자,
　　곡식 단을 안고서

안아봄

노랫소리 흥겹게 들어오리라.

제 2곡

⟨모든 육체는 풀과 같고⟩(*Denn alles Fleisch, es ist wie Gras*)

(느리게, 행진곡풍으로)

가사는 베드로의 첫째 서간 1장 24절, 야고보 서간 5장 7절, 베드로의 첫째
서간 1장 24절, 이사야서 35장 10절 순이다.

모든 인간은 풀과 같고

인간의 영광은 풀의 꽃과 같다.

풀은 마르고 꽃은 떨어진다.

그러므로 형제여,

주님께서 오실 때까지 참고 기다려라.

농부는 땅이 귀중한 소출을 낼 때까지

끈기 있게 가을비와 봄비를 기다린다.

하지만 주님의 말씀은 영원히 살아 있다.

주님께서 되찾으신 사람이 이 길을 걸어

시온 산으로 돌아오며 흥겨운 노래를 부르리라.

그들의 머리 위에선

끝없는 행복이 활짝 피어나고

온몸은 기쁨과 즐거움에 젖어들어

아픔과 한숨은 간데없이 스러지리라.

제 3곡

⟨여호와여 나의 종말과 연한의 어떠함을 알게 하사⟩

(*Herr, lehre doch mich*) (Andante Moderato)

가사는 시편 제 39편 5~8절, 지혜서 3장 1절 순이다.

주님, 알려주소서.

며칠이나 더 살아야 이 목숨이 멈추리이까?

내 목숨 얼마나 덧없는 것인지 알고 싶사옵니다.

아옵니다.

나의 세월을 한 뼘 길이로 만드셨고,

내 목숨, 당신 앞에서 아무것도 아님을.

머리를 들어 봤자

사람은 모두 한낱 입김에 지나지 않는 것임을.

걸어 다닌다지만, 실상은 그림자,

재물을 쌓아도 그것은 한낱 입김에 지나지 않으며

그 차지할 자 누구일지 모르는 것을.

그러니, 나의 주여, 이제 무엇을 바라고 살리이까?

안아봄

당신 외에 또 누구를 믿으리이까?

의인들의 영혼은 하느님의 손에 있어서

아무런 고통도 받지 않을 것입니다.

제 4곡

〈주의 장막이 어찌 그리 사랑스러운지요〉

(*Wie lieblich sind Deine Wohnungen, Herr Zebaoth*)(Con Moto Moderato)

가사는 시편 제 84편 2~3절과 5절 순이다. 하늘나라의 천사 노랫소리와
평화의 찬가가 높이 불려진다.

만군의 주님,

계시는 곳 그 얼마나 좋으신가!

주님의 성전 뜰 안을 그리워하여

내 영혼이 애타다가 지치옵니다.

나의 마음 나의 이 몸이

살아 계신 하느님께 기쁜 소리 지르옵니다.

당신 집에 사는 사람,

복되오니 길이길이 당신을 찬미하옵니다.

봄의 절정

제 5곡

〈지금은 너희가 근심하나〉 (*Ihr habt nun Traurigkeit*) (Andante)

가사는 요한복음 16장 22절, 이사야서 66장 13절, 집회서 51장 27절 순이
다. 이 악장은 다른 악장이 완성된 다음 해 함부르크에서 써 덧붙인 것이다.

> 지금은 너희도 근심에 싸여 있지만 내가 다시 너희와 만나게 될 때에
> 는 너희의 마음은 기쁨에 넘칠 것이며 그 기쁨은 아무도 빼앗아가지
> 못할 것이다.

> 어미가 자식을 달래듯이 내가 너희를 위로하리라.

> 눈을 바로 뜨고 보아라.
> 내가 얼마나 적은 노력으로 큰 평화를 얻었는가를!

제 6곡

〈이 지상에는 영원한 도성은 없고〉

(*Denn wir haben hie keine bleibende Statt*) (Andante)

가사는 히브리 서간 13장 14절, 고린도 첫째 서간 15장 51~52, 54~55
절, 요한묵시록 4장 11절 순이다. 레퀴엠의 디에스 이라이[*Dies irae*: 부속가
(*sequentia*)를 이르는 말이다]에 해당한다.

안아봄

이 땅 위에는 우리가 차지할 영원한 도성이 없습니다.
우리는 다만 앞으로 올 도성을 바라고 있을 뿐입니다.

내가 이제 심오한 진리 하나를 말씀 드리겠습니다.
우리는 죽지 않고 모두 변화할 것입니다.
마지막 나팔 소리가 울릴 때에
순식간에 눈 깜빡할 사이도 없이
죽은 이들은 불멸의 몸으로 살아나고
우리는 모두 변화할 것입니다.

이 썩을 몸이 불멸의 옷을 입고
이 죽을 몸이 불사의 옷을 입게 될 때
성서 말씀이 이루어질 것입니다.
"승리가 죽음을 삼켜버렸다.
죽음아, 네 승리는 어디 갔느냐?
죽음아, 네 독침은 어디 있느냐?"

주님이신 우리 하느님은
영광과 영예와 권능을 누리실 만한 분이십니다.
주님께서는 모든 것을 창조하셨고, 만물이 주님의 뜻에 의해서 생겨
났고 또 존재합니다.

봄의 절정

제 7곡

⟨주 안에서 죽는 자들은 복이 있도다⟩

(*Selig sind die Toten, die in dem Herrn sterben*)(Maestoso)

가사는 요한묵시록 14장 13절이다. 죽은 이는 영원한 휴식으로 들어가고,
승천한 사람들의 행복을 기원한다.

"이제부터는 주님을 섬기다가 죽는 사람들이 행복하다."

성령께서 말씀하셨습니다.

"옳은 말이다. 그들은 수고를 그치고 쉬게 될 것이다.

그들의 업적이 언제나 남아 있기 때문이다."

사람의 첫인상은 9할이 들어맞는다.

그럼에도 불구하고 1할을 위해 번거로워야 한다.

내가 사랑하는 사람

-정호승

나는 그늘이 없는 사람을 사랑하지 않는다
나는 그늘을 사랑하지 않는 사람을 사랑하지 않는다
나는 한 그루 나무의 그늘이 된 사람을 사랑한다
햇빛도 그늘이 있어야 맑고 눈이 부시다
나무 그늘에 앉아
나뭇잎 사이로 반짝이는 햇살을 바라보면
세상은 그 얼마나 아름다운가

나는 눈물이 없는 사람을 사랑하지 않는다
나는 눈물을 사랑하지 않는 사람을 사랑하지 않는다
나는 한 방울 눈물이 된 사람을 사랑한다
기쁨도 눈물이 없으면 기쁨이 아니다
사랑도 눈물 없는 사랑이 어디 있는가
나무 그늘에 앉아
다른 사람의 눈물을 닦아 주는 사람의 모습은
그 얼마나 고요한 아름다움인가

봄의 절정

안아봄

175

만약 내가…

-에밀리 디킨스

만약 내가 한 사람의 가슴앓이를
멈추게 할 수 있다면,
나 헛되이 사는 것 아니리.

만약 내가 누군가의 아픔을
쓰다듬어 줄 수 있다면,
혹은 고통 하나를 가라앉힐 수 있다면,
혹은 기진맥진 지친 한 마리 울새를
둥지로 되돌아가게 할 수 있다면,
나 헛되이 사는 것은 아니리.

봄의 절정

순순히 어두운 밤을 받아들이지 마시오

-딜런 토마스

순순히 어두운 밤을 받아들이지 마시오.
노인들이여, 저무는 하루에 소리치고 저항하시오.
분노하고, 분노하시오. 죽어 가는 빛에 대해.

그 끝에 다다른 사람은 어둠이 옳음을 알지만
그들의 언어는 이미 빛을 잃었기에
순순히 어두운 밤을 받아들이지 마시오.

선한 이들은 마지막 파도 곁에서 우나니
그들의 덧없는 행적이 푸른 강기슭에서 얼마나 밝게 춤출까 하여
분노하고, 분노하시오. 죽어 가는 빛에 대해.

거센 이들은 태양을 붙잡아 노래하며
때늦게 태양은 간다는 슬픈 사실을 알게 되오.
순순히 어두운 밤을 받아들이지 마시오.

봄의 절정

엄숙한 이들은 죽음에 마주하여 눈먼 시선으로
먼 눈도 유성처럼 불타고 명랑할 수 있음을 깨닫게 되오.
분노하고, 분노하시오. 죽어 가는 빛에 대해.

그리고 당신, 저 슬픔의 높이에 있는 내 아버지,
당신의 성난 눈물로 나를 저주하고 축복하기를
순순히 어두운 밤을 받아들이지 마시오.
분노하고, 분노하시오. 죽어 가는 빛에 대해.

봄의 절정

흔들리며 피는 꽃

-도종환

흔들리지 않고 피는 꽃이 어디 있으랴
이 세상 그 어떤 아름다운 꽃들도
다 흔들리면서 피었나니
흔들리면서 줄기를 곧게 세웠나니
흔들리지 않고 가는 사랑이 어디 있으랴

젖지 않고 피는 꽃이 어디 있으랴
이 세상 그 어떤 빛나는 꽃들도
다 젖으며 젖으며 피었나니
바람과 비에 젖으며 꽃잎 따뜻하게 피웠나니
젖지 않고 가는 삶이 어디 있으랴

봄의 절정

수선화에게

-정호승

울지 마라
외로우니까 사람이다
살아간다는 것은 외로움을 견디는 일이다
공연히 오지 않는 전화를 기다리지 마라
눈이 오면 눈길을 걸어가고
비가 오면 빗길을 걸어가라
갈대숲에서 가슴 검은 도요새도 너를 보고 있다
가끔은 하느님도 외로워서 눈물을 흘리신다
새들이 나뭇가지에 앉아 있는 것도 외로움 때문이고
네가 물가에 앉아 있는 것도 외로움 때문이다
산 그림자도 외로워서 하루에 한 번씩 마을로 내려온다
종소리도 외로워서 울려 퍼진다

봄의 절정

이런 친구 하나 있었으면 좋겠습니다.
서로 기대어 잠들어도 마음 편한 친구,
자신의 어깨를 기꺼이 사랑하는 사람에게 나누어 주는
그런 친구 하나 있었으면 좋겠습니다.

특별하진 않아도, 남들보다 잘나진 못해도, 내가 필요할 때
달려와 줄 수 있는 그런 친구 하나 있었으면 좋겠습니다.
그저 마음 편하게 불러내 미소 지을 수 있는
그런 친구 하나 있었으면 좋겠습니다.

차 한잔을 나누어도 기분 좋아지는
내가 책 읽는 동안 포근하고 든든한 어깨를 대주고 잠들 수 있는
그런 친구 하나 있었으면 좋겠습니다.

누군가에게 맘껏 자랑하고 싶을 만큼 가슴 따뜻한
그런 친구 하나 있었으면 좋겠습니다.

차가운 밤공기를 함께 나눠 마실 수 있는 동행자와도 같은
그런 친구 하나 있었으면 좋겠습니다.

걸음을 걸으며 애써 내 걸음걸이를 맞추려 노력하는
그런 친구 하나 있었으면 좋겠습니다.

내 뒷모습마저도 사랑스럽다고 말할 수 있는
그런 친구 하나 있었으면 좋겠습니다.

그러나 우선 내가 사랑하는
그에게 그런 친구가 되게 하여 주십시오.
-신미식

나의 무덤 앞에서 울지 마요

-메리 프라이

나의 무덤 앞에서 울지 마요,
난 거기에 없어요, 난 거기에 잠든 게 아니에요.

난 휘몰아치는 수천 개의 바람이에요.
난 눈 위에서 반짝거리는 다이아몬드에요.

난 고개 숙인 곡물에 비치는 햇빛이에요.
난 잔잔한 가을비에요.

당신이 아침의 고요함 속에 일어났을 때,
난 원을 그리며 날아가는 새들의 빠르고 희망찬 날갯짓이에요.

난 밤의 부드러운 별빛이에요.
나의 무덤 앞에서 울지 마요.
난 거기에 없어요. 난 거기에 잠든 게 아니에요.
나의 무덤 앞에서 울지 마요.
난 거기에 없어요. 난 죽은 게 아니에요!

봄의 절정

장례식 블루스

-위스턴 오든

모든 시계를 멈추고, 전화선도 끊어 버려라.
개에게도 뼈다귀를 던져 주어 짖지 않도록 하여라.

피아노를 멈추고, 드럼도 덮어라.
관을 내놓고, 슬퍼하는 이들을 들여라.

비행기들이 머리 위를 신음하듯 돌게 하여
하늘에 부고를 쓰게 하라. 그가 죽었다고.

비둘기들의 하얀 못에 나비넥타이를 매고
교통 경관들은 검은 장갑을 끼게 하라.

그는 나의 북쪽, 나의 남쪽, 나의 동쪽, 나의 서쪽이었느니,
내가 일하는 나날과 나의 일요일 휴식,
나의 한낮, 나의 한밤, 나의 말, 나의 노래였느니,
사랑이 영원할 줄 생각했으나, 내가 틀렸네.

별들도 지금은 바라지 않나니, 모두 치워 버려라.
달을 가리고, 해도 없애 버려라.

바다를 쏟아 버리고, 숲을 밀어 버려라.
이제 그 어떤 것도 덕이 될 수 없느니.

은수저

-김광균

산이 저문다
노을이 잠긴다
저녁 밥상에 애기가 없다
애기 앉던 방석에 한 쌍의 은수저
은수저 끝에 눈물이 고인다

한밤중 바람이 분다
바람 속에서 애기가 웃는다
애기는 방 속을 들여다본다
들창을 열었다 다시 닫는다

먼 들길을 애기가 간다
맨발 벗은 애기가 울면서 간다
불러도 대답이 없다
그림자마저 아른거린다

봄의 절정

길

-윤동주

잃어버렸습니다.
무얼 어디다 잃었는지 몰라
두 손이 주머니를 더듬어
길게 나아갑니다

돌과 돌과 돌이 끝없이 연달아
길은 돌담을 끼고 갑니다

담은 쇠문을 굳게 닫아
길 위에 긴 그림자를 드리우고
길은 아침에서 저녁으로
저녁에서 아침으로 통했습니다

돌담을 더듬어 눈물 짓다
쳐다보면 하늘은 부끄럽게 푸릅니다

봄의 절정

풀 한 포기 없는 이 길을 걷는 것은
담 저쪽에 내가 남아 있는 까닭이고,

내가 사는 것은, 다만,
잃은 것을 찾는 까닭입니다

봄의 절정

밥

-천양희

외로워서 밥을 많이 먹는다던 너에게
권태로워서 잠을 많이 잔다는 너에게
슬퍼서 많이 운다던 너에게
나는 쓴다

궁지에 몰린 마음을 밥처럼 씹어라,
어차피 삶은 네가 소화해야 할 것이니까

'침묵의 수도'로 유명한

트리피스 수도원에서 단 한 가지 허용되는 말이 있다.

"형제여, 죽음을 기억합시다(*Memento Mori*)."

내다봄

신을 아는 가장 좋은 방법은

많은 것을 사랑하는 것이다.

－빈센트 반 고흐

봄의 설렘

메멘토 모리, 카르페 디엠

하벨 하발림 … 하벨 하발림 하콜 하벨

무슨 모스부호냐고? 모스부호 맞다.

　헛되고 헛되며 헛되고 헛되니 모든 것이 헛되도다(전도서 1:2).

모르스(Mors)라는 이름은 '죽음, 시체, 파멸' 등의 의미를 나타내는 라틴어다. 로마 신화나 문학 등에 등장하는 죽음의 여신이다. 전도서를 관통하는 '모든 것의 헛됨' 때문에 사람들은 '전도서'를 기피한다. 성경 66권 가운데 요한 계시록보다 더 외면당한 책이 있다면 '전도서'라 할 수 있다.

　이를 두고 뤼디거 룩스(Rudiger Lux)는 "교회 공동체와 예배가 전도서를 외면하자, 전도서는 교회를 떠나 문학가와 철학자들에게 가 버렸고, 심지어는 요한 브람스의 〈엄숙한 노래〉(Ernste Gesange)와 록 그룹의 영화음악에까지 그 입지를 넓히고 그들 가운데서 혼령처럼 떠돌며 많은 것을 말한다"고 했다. '전도서'는 출발부터가 회의적이다.

헛되고 헛되며 헛되고 헛되니 … (하벨 하발림 … 하벨 하발림 하콜 하벨).

죽음으로 인해 비롯된 삶의 허무함이다. 하지만 삶의 자리에서 죽음이 아닌, 죽음의 자리에서 삶을 들여다보라는 메시지다. 역설이다. 전도서에서 죽음은 삶의 반대가 아니라 삶의 의미가 된다. 그래서 "메멘토 모리" (*Memento Mori*: 죽음을 기억하라)가 한 축을 이룬다. 이어 "헛된 세상을 살면서 그 모든 수고가 사람에게 무슨 '유익'이 있는가?"(1:3)라는 질문에 대해 이렇게 답한다.

> 그러므로 나는 사람이 자기 일에 '즐거워하는' 것보다 나은 것이 없음을 보았나니 이는 그것이 그의 몫이기 때문이라(3:22).

> 또한 어떤 사람에게든지 하나님이 재물과 부요를 그에게 주사 능히 '누리게' 하시며 제 몫을 받아 수고함으로 '즐거워하게' 하신 것은 하나님의 선물이라(5:19).

> 이에 내가 희락을 찬양하노니 이는 사람이 먹고 마시고 '즐거워하는' 것보다 더 나은 것이 해 아래에는 없음이라(8:15).

> 네 헛된 평생의 모든 날 곧 하나님이 해 아래서 네게 주신 모든 헛된 날에 네가 사랑하는 아내와 함께 '즐겁게' 살지어다. 그것이 네가 평생

에 해 아래서 수고하고 얻은 네 몫이니라(9:9).

이번에는 "카르페 디엠"(*Carpe Diem*: 오늘을 즐겨라)으로 옮겨간다. 즐김이다. '항상'(9:8)이 어느 순간 '평생'(9:9)으로까지 확장된다. 놀랍다. 인간의 삶이란 하루하루가 일평생 축제의 삶이어야 함을 가르친다. 구체적이다.

> 너는 가서 기쁨으로 음식물을 먹고 즐거운 마음으로 네 포도주를 마실지어다. 이는 하나님이 네가 하는 일들을 벌써 기쁘게 받으셨음이니라(9:7).

> 네 의복을 항상 희게 하며 네 머리에 향 기름을 그치지 아니하도록 하라(9:8).

이 얼마나 놀라운 일인가? 따라서 "메멘토 모리"와 "카르페 디엠"은 전도서를 떠받치는 사상적 두 축이 된다.

전도서의 두 코헬렛, 올리버 색스와 카터

2015년 8월에 우리 곁을 떠난 미국의 저명한 신경과 전문의 올리버 색스는 자신에게 찾아온 죽음을 앞에 두고 이런 글을 남겼다.

남은 몇 개월을 어떻게 살지는 내게 달렸습니다. 풍성하고 깊고 생산
적으로 살려고 합니다. 우정을 깊게 하고 사랑하던 사람들에게 작별
인사를 하고 더 많이 쓰고 여행하면서 인식과 통찰의 새 지평에 다다
르려 합니다. 사람이 죽으면 채워질 수 없는 구멍을 남깁니다. 모든 인
간이 자신만의 길을 찾고 자신만의 삶을 살다가 자신만의 죽음을 맞
는 특별한 존재라는 것이지요.

**무엇보다 그는 '두려움이 없는 척'하지는 않겠다며 '가장 강한 느낌은 고마
움'이라 했다. 결국 그가 말하고자 했던 것은 '삶'이었다. 또한 그는 이렇게
고백했다.**

저는 사랑했고, 사랑받았습니다. 많은 걸 받았고 돌려주었습니다. 이
아름다운 행성에서 저는 지각이 있는 존재이자 생각하는 동물로 살았
고 이는 엄청난 특권이자 모험이었습니다.

시한부 판정을 받은 지미 카터 전 미국 대통령도 마찬가지였다. 한때 자신을 대통령으로 뽑은 국민에게 간암이 뇌로 전이됐다는 사실을 알리기 위해 기자회견을 열었다. 그는 "이제 하나님의 손에 달려 있다"며 "어떤 결과가 오든 받아들일 준비가 돼 있다"고 말했다. 외신에 의하면 청바지에 재킷 차림으로 45분가량 기자회견을 하면서 환한 웃음과 쾌활한 태도로 유머까지 던졌다고 한다. 올리버 색스와 카터. 이 둘이야말로 전도서의 삶을 온몸으로 살아낸 '코헬렛'(전도자)들만 같다.

상(喪) 당했다고? 아서라!

종종 사람들은 말한다. '감기에 걸렸어', '독감이 들어서 말야'. 이렇게 말하는 순간 뭔지 모르게 '재수가 없다'는 뉘앙스를 풍긴다. 원치 않게 내 몸이 무언가로부터 공격을 당했다는 뜻이기도 하다. 이와 달리 '병을 앓았다'(알았다)고 하면 어떨까? 사람은 병을 앓으면서 비로소 내가 내 몸을 알게 된다 하지 않은가? 강신익 교수는 "병이란 나타날 기회가 없었던 내 몸의 속성이다. 그리고 병을 앓는 것은 그 속성을 나와 일치시켜 새로운 내가 되는 과정"이라 했다. 그 때 적어도 우리는 '명랑 투병'을 할 수 있지 않을까? 말놀이가 아니다. 말은 그 사람의 세계관이다. 이런 점에서 가장 저주(?)스러운 악담이 있다.

'상(喪) 당했다.'

해맞이, 달맞이처럼 죽음맞이를 할 수는 없는 것일까? 한마디로 말해 '당하는 죽음이 아닌 맞이하는 죽음(臨終)' 말이다. 군주가 나라를 다스리고 이끄는 것을 의미하는 '군림'(君臨)처럼 인생의 마지막(終)을 다스리는 군주(君主)로 살아 볼 수는 없는 것일까?

'세상에 태어날 때 나는 울었다. 다른 모든 사람들은 웃었다. 내가 세상 떠날 때 나는 웃는다. 다른 모든 사람들이 운다. 그 인생이야말로 행복한 인생이려니'라는 말이 있다.

"멋진 삶이었습니다.
수천 명의 친구를 사귀었고,
신나고 흥미진진하고 기쁜 삶을 살았습니다.
난 지금 내 아내보다 훨씬 더 마음이 편안합니다."

언젠가 나도 지구별 소풍 끝내는 날, 카터처럼 웃으며 이런 말을 남길 수 있을까? "카르페 디엠"과 "메멘토 모리"가 나에게 손짓하고 있다.

내다봄

Spero Spera

(숨을 쉬는 한 희망은 있다).

기도

-라빈드라나드 타고르

'위험에서 벗어나게 하소서' 하고 기도하게 마옵시고
'위험에서도 겁을 내지 말게 하옵소서' 하고 고백하게 하소서

'고통에서 벗어나게 해 주소서' 기도하게 마옵시고
'고통 속에서도 견딜 수 있는 인내를 주옵소서' 간구하게 하소서

'인생의 싸움터에 동료자를 보내소서' 기도하게 마옵시고
'싸움에서 이길 힘을 주시옵소서' 두 손 모으게 하소서

'근심과 두려움 속에서 구원해 주소서' 기도하게 마옵시고
'두려움을 물리쳐 낼 용기를 주옵소서' 소망하게 하소서

겁쟁이가 되고 싶지 않사오니
도우시옵소서

기쁘고 성공할 때만 하나님이 도우신다 생각하게 마옵시고
하루하루 슬픔과 괴로움 때로는 핍박과 고통 가운데
하나님께서 내 손목을 꼭 잡고 계심을 믿게 하소서

고독

-엘라 휠러 윌콕스

웃어라, 세상이 너와 함께 웃으리라
울어라, 너 혼자 울게 되리라
오래되고 슬픈 이 세상은 즐거움을 빌려야 할 뿐
고통은 그 스스로도 충분하다
노래하라, 산들이 화답하리라
한숨지으라, 허공에 사라지리라
메아리는 즐거운 소리는 되울리지만
근심의 목소리에는 움츠러든다

환희에 넘치라, 사람들이 너를 찾으리라
비통해하라, 그들이 너를 떠나리라
사람들은 너의 기쁨은 남김없이 원하지만
너의 비애는 필요로 하지 않는다
기뻐하라, 친구들로 넘쳐 나리라
슬퍼하라, 친구들을 모두 잃으리라
너의 달콤한 포도주는 아무도 거절하지 않지만
인생의 쓰디쓴 잔은 너 혼자 마셔야 한다

봄의 설렘

잔치를 열라, 너의 집은 사람들로 넘쳐나리라
굶으라, 세상은 너를 지나치리라
성공하고 베풀면 너의 삶에 도움이 되지만
너의 죽음을 도와줄 사람은 없다

환희의 전당은 넓어서
길고 화려한 행렬을 들일 수 있지만
좁은 고통의 통로를 지날 때는
우리 모두 한 사람씩 줄 서서 지나가야 한다

오늘의 결심

-김경미

라일락이나 은행나무보다 높은 데서 살지 않겠다
이른 저녁에 나온 별빛보다 많은 등을 켜지 않겠다
두 개의 귀와 구두와 여행가방을 언제고 열어 두겠다

밤하늘에 노랗게 불 켜진 상현달을
신호등으로 알고 급히 횡단보도를 건넜으되
다치지 않았다

생각해 보면 티끌 같은 월요일들에
창틀 먼지에 다치거나
내 어금니에 내 혀 물리는 일이 더 많았다

함부로 상처받지 않겠다

내 목에 적힌 목차들
재미없다 해도 크게 서운해 하지 않겠다

봄의 설렘

한계가 있겠지만 담벼락 위를 걷다 멈춰 서는

갈색 고양이와 친하듯이

비관 없는 애정의 습관을 닮아보겠다

꿈

-랭스턴 휴즈

꿈을 잡아라
꿈이 사그라지면
삶은 날개 부러져
날지 못하는 새이니,

꿈을 잡아라
꿈이 사라지면
삶은 눈으로 얼어붙은 황량한 들판이니.

봄의 말

-헤르만 헤세

어느 소년 소녀들이나 알고 있다
봄이 말하는 것을.
살아라, 자라나라, 피어나라, 희망하라, 사랑하라,
기뻐하라, 새싹을 움트게 하라
몸을 던져 삶을 두려워 말아라!

늙은이들은 모두 봄이 소곤거리는 것을 알아듣는다
늙은이여, 땅 속에 묻혀라
씩씩한 아이들에게 자리를 내어 주라
몸을 내던지고 죽음을 겁내지 마라!

인간은 신이 정한 순서에 따라 태어나 살다가 죽는다.

그러니 마지막이 올 때까지 삶을 즐겨라.

절망이 아니라 행복으로 살아라.

매일매일을 즐겁게 살아라.

맛있게 음식을 먹고 목욕하고 기름을 발라라.

알록달록 번쩍거리는 깨끗한 옷을 입고

음악과 춤으로 네 집이 가득 차게 하라.

네 손을 쥐는 아이를 소중히 사랑하고

네 아내를 네 품에서 기쁘게 하라.

그렇게 사는 게 인간의 운명이요 가장 잘 사는 법이니라.

— 길가메시 서사시

가끔은 위로받고 싶다

-김율도

살아 있다는 것이 너무 힘들 때
세상사람 모두 죽이고 싶을 때
그 누구에게라도
가끔은 위로받고 싶다

마음은 동전 같아
죽이고 싶은 마음 뒷면에
사랑하고 싶은 마음이 있어, 라고

가만 눈을 감으면
따뜻한 네 깊은 속마음이 보이지
눈물에 가려 보이지 않을 땐
큰 울음을 터뜨려 울고 나면 보이지
햇살인 듯 너를 감싸주는
네 속의 목소리

봄의 설렘

잊지 마, 너의 본성은 자연에 순응하고
기상이변에 강하다는 것을

이렇게 가끔은 위로받고 싶다
요구르트 하나만으로도 따뜻함과
소중한 진심을 전달할 수 있어, 라고

봄의 설렘

호수 1

-정지용

얼굴 하나야
손바닥 둘로
폭 가리지만,

보고 싶은 마음
호수만 하니
눈 감을 수밖에.

구름처럼 만나고 헤어진 많은 사람 중에

-도종환

구름처럼 만나고 헤어진 많은 사람 중에
당신을 생각합니다.

바람처럼 스치고 지나간 많은 사람 중에
당신을 생각합니다.

우리 비록 개울처럼 어우러져 흐르다
뿔뿔이 흩어졌어도

우리 비록 돌처럼 여기저기 버려져
말없이 살고 있어도

흙에서 나서 흙으로 돌아가는 많은 사람 중에
당신을 생각합니다.

이 세상 어느 곳에도 없으나 어딘가에 꼭 살아 있을
당신을 생각합니다.

봄의 설렘

널 만났으면 좋겠다

-용혜원

만날 사람도 없이
커피를 마시며
괜히 고독한 척 앉아 있을 때

따분함이 가득 차 있으면서도
머릿속에선
더 고독한 포즈를 취하라고
지시를 내린다

행위예술가라도 되어 버린 듯
살아 꿈틀거리는
조각품이 되어 버린 날

봄의 설렘

마음속에
깎아내리고 깎아내려도
남아 있던 그리움이
둥지를 몇 개씩 틀어 놓았다

정말 이런 날은
널 만났으면 좋겠다

다 당신입니다

-김용택

개나리꽃이 피면
개나리꽃이 피는 대로
살구꽃이 피면은
살구꽃이 피는 대로
비 오면 비 오는 대로

그리워요
보고 싶어요
손잡고 싶어요

다 당신입니다

봄의 설렘

희망가

-문병란

얼음장 밑에서도 고기는 헤엄을 치고
눈보라 속에서도 매화는 꽃망울 튼다

절망 속에서도 삶의 끈기는 희망을 찾고
사막의 고통 속에서도 인간은 오아시스의 그늘을 찾는다

눈 덮인 겨울 밭고랑에서도 보리는 뿌리를 뻗고
마늘은 빙점에서도 그 매운맛 향기를 지닌다

절망은 희망의 어머니
고통은 행복의 스승
시련 없이 성취는 오지 않고
단련 없이 명검은 날이 서지 않는다

봄의 설렘

꿈꾸는 자여, 어둠 속에서
멀리 반짝이는 별빛을 따라
긴 고행 길 멈추지 마라

인생항로
파도는 높고 폭풍우 몰아쳐 배는 흔들려도
한 고비 지나면 구름 뒤 태양은 다시 뜨고
고요한 뱃길 순항의 내일이 꼭 찾아온다

당하는 죽음에서 맞이하는 죽음으로!
울고 떠나는 죽음에서 웃고 떠나는 죽음으로!
초라한 죽음에서 품위 있는 죽음으로!
잊히는 죽음에서 기억되는 죽음으로!
끝이 되는 죽음에서 새로운 시작이 있는 죽음으로!